W0249606

ACTES SUD - PAPIERS
Fondateur : Christian Dupeyron
Editorial : Claire David

Ouvrage publié avec le concours du Centre national du livre

Cette collection est éditée avec le soutien de la SACD
Société des auteurs et compositeurs dramatiques
PARIS/BRUXELLES/MONTRÉAL

Photographie de couverture :
© Jan Hakan Dahlstrom / Photonica, 2004

© ACTES SUD, 2004
ISSN 0298-0592

ISBN 2-7427-4916-0

LE FAIT D'HABITER BAGNOLET

Vincent Delerm

PERSONNAGES

Elle
Lui

NARRATEUR.
C'est ce soir. Ils marcheront boulevard Exelmans.
Sans raison apparente, il parlera de choses un peu anciennes.
L'entraînement de judo tous les mardis soir jusqu'à l'âge de quatorze ans, une fracture de la clavicule, une correspondante allemande teinte en bleu et prénommée Hanke.

Elle évoquera sa mère, professeur d'histoire géographie au collège Paul-Vaillant-Couturier et les coquilles Saint-Jacques reconverties en cendriers dans la salle des profs.
Ayant chacun livré des morceaux de passé, ils auront l'impression de se comprendre et ils s'embrasseront sur le trottoir à 23 h 43, devant la vitrine d'un serrurier doubleur de clés en cinq minutes.

Par la suite, ils continueront de s'embrasser pendant sept ans et huit mois.
Cette habitude les conduira à prendre un appartement ensemble rue d'Alésia.
A le quitter ensuite.

Dans la mesure où il n'est pas envisageable de passer sept ans et huit mois avec une personne sans quelques séquelles, il conservera un sentiment mêlé à l'égard des robes en lin et elle une méfiance excessive envers les garçons ayant choisi allemand première langue.

Dans moins d'une heure, en sortant de ce restaurant, ils s'embrasseront sur le trottoir, boulevard Exelmans.
Ce sont les derniers instants
Avant le rapprochement des visages
Avant la nuit et le plafond blanc de la chambre.
Il a commandé une Paysanne, elle a choisi la formule Fraîcheur.
Ce sont des crudités, c'est plutôt bien présenté.

Voilà où nous en sommes.

LUI.
C'est elle qui a proposé le restaurant italien. J'ai dit que c'était parfait. J'aurais effectué une réponse sensiblement équivalente pour un chinois, un grec ou un kurde. Je suis dans une phase conciliante.

ELLE.
C'est toujours inquiétant de prendre la responsabilité du restaurant. Je connais Simon depuis treize jours, c'est-à-dire que nous manquons suffisamment d'informations l'un sur l'autre pour que chaque détail revête une importance démesurée.
Même si, dans mon cas, l'habitude familiale a légitimé depuis toujours la fréquentation régulière des crêperies, même s'il est permis de penser qu'une crêperie, pour cinquante pour cent des personnes de ma génération, est un endroit plutôt sympathique dont la sélection n'offrirait pas d'argument définitif à l'abandon d'une relation naissante, malgré cela, il m'a semblé délicat de proposer à Simon l'option crêperie.
La pizzeria m'a paru plus neutre.
Moins engagée.

LUI.
Nous nous trouvons à ce moment un peu particulier de la relation où il faut faire preuve d'intuition. Je prends un fait au hasard :
Alice a choisi de nous orienter vers une pizzeria. Cette proposition, dans son esprit, n'est probablement teintée d'aucune arrière-pensée. Pour elle, la pizzeria a été proposée comme aurait pu être proposé n'importe quel autre endroit, par exemple, je ne sais pas, mettons une crêperie. Cependant, et elle n'en est pas nécessairement consciente, ce choix est révélateur de sa personnalité. Il n'est pas interdit de croire que, dans son enfance, les repas à la pizzeria représentaient une telle fête que, depuis, toute occasion un peu éloignée de l'ordinaire se trouve associée à la cuisine italienne.
Voilà, c'est un exemple de déduction.

ELLE.
La non-proposition des crêpes peut très bien être à l'origine d'un immense gâchis dans la recherche des points communs.
Supposons que Simon vienne d'une "famille à crêpes".

Un point commun dans un domaine moyennement consensuel est un grand pas en avant. Il existe plusieurs degrés de points communs.
a) Le point commun à deux balles. Par exemple avoir un chien.
b) Le point commun correct. Avoir un labrador.
c) Le point commun spectaculaire. Avoir un labrador appelé Gipsy.
L'amour des crêperies est un point commun à situer entre les catégories *a* et *b*.
Disons que cela reviendrait à posséder un chien noir.

LUI.
Avec Valentine, la première fois que nous avions dîné ensemble, c'était une brasserie alsacienne. Il y avait un orchestre bavarois avec de gros monsieurs moustachus qui jouaient en se tapant sur les cuisses. J'ai souvent pensé que cela avait mis notre relation sur de mauvais rails.

ELLE.
En même temps, un garçon à manches longues, c'est typiquement le genre à n'avoir eu que des chats.

LUI.
J'ai rencontré Alice il y a deux semaines dans la cuisine de chez Maud. Une soirée. Le genre de soirée où les invités entassent leurs manteaux sur le lit de la chambre.
En général, on paume une écharpe à laquelle on tenait. Et Maud, le genre de fille qu'on vient aider dans la cuisine, le genre de fille qui répond qu'il n'y a plus que les toasts à faire.
Voilà, il se trouve qu'à ce moment-là nous étions deux à envahir inutilement la cuisine, deux à n'avoir plus que les toasts à faire, deux à envisager d'aller récupérer *assez* rapidement les manteaux dans la chambre.
J'ai rencontré Alice il y a deux semaines en tartinant du tarama.

ELLE.
J'ai rencontré Simon par l'intermédiaire d'une amie. Je trouve un peu déprimante l'idée de faire connaissance avec les gens par l'intermédiaire d'autres personnes.
L'idéal serait d'engager la conversation dans les salles de cinéma ou bien au rayon surgelés. Il faudrait en tout cas, dans la mesure du possible, éviter cette présélection par autrui.

Ne rencontrer que de parfaits inconnus.
Un inconnu présent dans la cuisine de Maud, par principe, est un inconnu imparfait.
Il a toutes les chances d'être étudiant en archéologie, amateur de Depeche Mode ou végétarien.

LUI.
L'inconvénient majeur de ce type de rencontre, c'est qu'elle oriente les premières discussions vers une étude critique de la situation. Il y est question du ridicule de certains invités, de la quantité de pain de mie totalement insuffisante comparée au nombre de pots de *guacamole* alignés sur la table. Ce genre de choses. Le profil que l'on présente alors à son interlocuteur est *plutôt* insatisfaisant mais cette phase de dénigrement des événements environnants est nécessaire à la prise de contact. Il est certain qu'on trouvera un terrain d'entente immédiatement assuré sur une donnée telle que la saleté des carreaux de la cuisine, et ce plus facilement que sur l'évocation prématurée d'un sujet qui nous tient à cœur. Une passion pour les génériques de dessins animés ou les films avec Jean Poiret, si touchante soit-elle, peut se révéler de nature à décourager une personne de manière plus définitive que la banale évocation d'une fenêtre à court de nettoyage.

ELLE.
J'ai tout de suite trouvé Simon très positif. Proposant son aide en cuisine, s'inquiétant de la quantité de pain.
Quelqu'un de très vivant.

LUI.
Mes premières impressions sur Alice furent assez confuses. Sa première question portait sur Depeche Mode. J'avais deux trois choses à dire sur ce sujet mais je ne percevais pas exactement en quoi cette information lui était utile et ce d'autant moins qu'elle m'assurait de son côté tout ignorer de leur musique.
Je me retrouvais assez rapidement dans la désagréable position de quelqu'un qui fredonne *Never Let Me Down Again* en essayant de provoquer un stimulus auditif chez son vis-à-vis.
Cet épisode se solda par l'idée un peu gênante qu'il lui faudrait peut-être entendre la version originale pour éventuellement reconnaître la chanson.

Par la suite, après avoir assuré que je n'étais ni archéologue ni anti-carnivore, une discussion plus conventionnelle s'engagea.

ELLE.

Ce qui peut sembler surprenant chez Simon, c'est cette technique assez particulière consistant à couper le pain de mie en quatre avant de le tartiner.

LUI.

J'étais très impressionné par Alice.

Quand je suis impressionné par quelqu'un, je pense à Fabien Canu. Fabien Canu, demi-finaliste aux Jeux olympiques de Los Angeles. Le club de judo l'avait fait venir l'année suivante. Nous étions alignés contre un mur, il fallait lui serrer la main lors de son passage en déclinant nom, âge et couleur de ceinture. J'avais répété la veille dans ma chambre.

Simon Valcroze, onze ans, ceinture bleue.

Simon Valcroze, onze ans, ceinture bleue.

Simon Valcroze, onze ans, ceinture bleue.

J'étais bien au point.

Probablement du fait de la présence en bout de phrase du mot bleu, j'avais dit Valcreuze au lieu de Valcroze.

Cela ne l'avait apparemment pas choqué.

Toujours est-il que depuis que je connais Alice j'ai eu plusieurs fois envie de lui faire part de cette parenté avec Fabien Canu.

J'attends encore un peu.

ELLE.

Assez tôt dans la soirée, il apparut clairement que l'un de nous deux allait émettre l'idée de revoir l'autre rapidement.

LUI.

A partir d'un moment précis, très exactement au milieu de la blague sur les pingouins qui vont à la piscine – blague que je connaissais sous une autre forme, ce dont je ne me rendis compte qu'au moment de la chute –, à partir de ce moment donc, l'idée qu'il me fallait repartir de chez Maud avec le téléphone d'Alice ne me quitta plus.

ELLE.

Cet exil prolongé où nous nous trouvions dans la cuisine laissait supposer à chacun des convives qu'il se nouait quelque chose entre l'évier et le lave-linge. De notre côté, nous en étions conscients et en même temps il semblait légitime d'occuper le seul espace vacant d'un appartement dont la densité de population approchait les cinq habitants au mètre carré.

LUI.
Il est à peu près tout aussi ridicule de demander brutalement le téléphone d'une personne comme Alice que de la quitter après deux heures d'entretien sans savoir où la joindre.
C'est du cinquante cinquante.

ELLE.
Je sentais qu'il n'oserait pas demander mon téléphone.
Puisqu'il n'est que moyennement assumable de souhaiter revoir quelqu'un pour des motifs tels que la forme de son visage ou la patience dont il fait preuve à l'égard des histoires drôles, il me manquait un argument justifiant une prochaine entrevue. Depeche Mode fit l'affaire.

LUI.
J'étais un peu surpris par cette demande mais, finalement, l'idée de lui faire passer une cassette de Depeche Mode résolvait, probablement sans qu'elle le sache, mon problème.
J'avais appartenu quelques années plus tôt à cette catégorie de garçons dont la technique de séduction repose en grande partie sur la confection de cassettes de ce type. Le secret de cet exercice réside avant tout dans le panachage :
1) Panachage entre titres inconnus et célèbres (par exemple : *Mr Alphabet Says* du groupe The Glove placé derrière *Sunday Bloody Sunday* de U2).
2) Panachage entre pop indépendante britannique et variété française (*I Know It's Over* par les Smiths et *L'Amour en fuite* d'Alain Souchon).
3) Panachage extrêmement délicat entre chanson dévoilant un penchant idéaliste et romantique (*Way to Blue* de Nick Drake) et chanson mettant en lumière un tempérament cynique et désabusé (*Le Lien défait* par Jean-Louis Murat).

ELLE.
Le lendemain au téléphone, à l'exception d'un récent séjour au Burkina Faso, Simon évoqua quasi exclusivement la soirée

précédente. Il est remarquable de constater à quel point cette première entrevue chez Maud constitue un point de repère incontournable dans nos rapports. La convention amoureuse souhaite que l'on se souvienne avec une grande précision des premiers instants d'une rencontre.

Imaginons que Simon ne me rappelle pas à l'issue de cette soirée. Il y a fort à parier que celle-ci s'effacera alors peu à peu de ma mémoire et ne laissera finalement place qu'à quelques vagues souvenirs :

Un garçon m'avait parlé dans la cuisine.

Je crois que c'était un ami d'enfance de Maud.

Il me plaisait pas mal.

Simon ayant rappelé, ma version des faits adopte automatiquement une tournure très différente :

Il avait une sorte de cicatrice au-dessus du sourcil gauche.

Sa chemise était mal repassée et j'ai pensé qu'il ne devait plus rendre visite à sa mère qu'une fois tous les deux mois.

Il coupait le pain de mie en quatre avant de le tartiner.

LUI.

Entre le premier soir et aujourd'hui se sont écoulées douze journées.

ELLE.

Nous nous sommes vus deux après-midi, appelés dix-sept fois, il y eut trois conversations téléphoniques de plus d'une heure vingt.

LUI.

Je suis tombé sur son répondeur à cinq reprises.

Je n'ai laissé un message que deux fois.

ELLE.

J'ai vu qu'il avait effectué cinq appels en absence et qu'il n'avait laissé que deux messages.

LUI.

J'espère qu'elle n'a rien vu sinon c'est lamentable, deux messages sur cinq possibles. Surtout lorsqu'un appel est raccroché à 16 h 18 et qu'un autre est laissé à 16 h 20.

Deux minutes de réflexion pour arriver à dire décidément je n'ai pas de chance bon bah je rappellerai plus tard.

ELLE.
Par exemple c'est drôle, un jour il a appelé deux fois à deux minutes d'intervalle.

LUI.
Concernant son annonce de répondeur, je n'arrive pas à déterminer si c'est le type d'annonce qui a nécessité quinze prises ou une seule.
Bonjour vous êtes bien chez Alice, laissez-moi un message et puis je vous rappellerai. Merci.
La seule chose un peu originale, c'est le "et puis".
En même temps, c'est joli "et puis". Prononcé par une fille, c'est souvent suivi d'une phrase un peu triste.
Et puis finalement, on s'est aperçus qu'on n'avait rien à faire ensemble.
Et puis je suis quelqu'un d'assez ordinaire.
Et puis la dernière fois que j'en ai mangé, je me suis cassé une dent.
Et puis je vous rappellerai. Merci.

ELLE.
Depuis quelques jours, mon cerveau tente d'imaginer ce qui se passe dans celui de Simon à la fréquence relativement épuisante de trois fois par minute.

LUI.
Il n'est pas tellement envisageable de nier qu'Alice et moi nous dirigeons vers quelque chose d'autre qu'une simple relation amicale. Ce quelque chose d'autre a toutes les chances de débuter prochainement, mais doit-on tabler sur un très prochainement, un assez prochainement ou un pas trop prochainement, c'est ce qu'il est difficile de déterminer.

ELLE.
En général, cette tentative de maîtriser la pensée d'autrui est un exercice que j'associe aux expositions de peinture.
Que pense cette petite femme en rose devant moi en regardant tel tableau ? A-t-elle remarqué l'angelot présent en bas à gauche de la toile et son ventre essentiellement ridicule ?

LUI.
D'un côté, je serais assez tenté de dire que les indices permettant de conclure à un souhait de rapprochement physique de la part d'Alice sont minces. Je n'en ai vu personnellement que trois en douze jours. C'est très peu. A titre comparatif, j'évoquerai le début de ma liaison avec Valentine : huit en cinq jours.

ELLE.
Même chose en littérature. Au moment où Antoine Sahmac me conseille ce bouquin, a-t-il particulièrement à l'esprit la scène de la toxicomane vomissant dans l'ascenseur ?

LUI.
D'un autre côté, il est tentant de considérer le fait d'avoir rendez-vous dans une pizzeria aussi peu fréquentée comme un élément plutôt encourageant.

ELLE.
Une activité telle que celle qui consiste à comptabiliser les messages en absence de quelqu'un dissimule relativement mal le souhait d'en venir à des rapports d'une nature un peu particulière. Des rapports légitimant l'utilisation de certaines questions et évitant par là même des efforts introspectifs démesurés.
Car s'il est assez logique, dans la situation où nous sommes, d'ignorer les pensées profondes de Simon quant à sa garniture de pizza, il est en revanche légitime de demander à la personne qui vous tient par le bras dans les couloirs du musée d'Orsay ce qu'elle pense réellement de cet angelot lamentable en bas à gauche de la toile.
Le couple "établi" implique en effet une certaine forme de transparence.
On est en droit de poser des questions.
(Notamment "A quoi penses-tu ?")
On est en droit d'obtenir des réponses.
(Notamment "A la garniture lamentable de ma pizza.")
Le couple "en train de se faire" repose au contraire sur une certaine forme d'opacité.
Il interdit que l'on s'attarde sur tel ou tel malentendu, telle phrase contestable, telle idée approximativement interprétée.

Par exemple, d'après une phrase mystérieuse prononcée par Simon en début de repas, je crois avoir compris que sa précédente petite amie l'a quitté pour un garçon qui, visiblement, était au départ un de ses meilleurs amis.
Appartenant ce soir encore à un couple "en train de se faire", il ne me fut pas possible d'arrêter alors la conversation pour faire confirmer cette version des événements. Je fis au contraire semblant d'avoir parfaitement saisi l'information, adoptant une expression de visage à la fois compatissante (au cas où la version de l'adultère serait la bonne) et vaguement neutre (au cas où non).
Quoi qu'il en soit, je me devais d'accueillir cette nouvelle sans la faire développer. Aucune question supplémentaire. Aucune curiosité malvenue.
En tant que membre d'un couple "établi", il serait absolument impossible à Simon de s'en sortir sans m'avoir fourni l'historique de cet épisode, le contenu de la lettre de rupture de Valentine ainsi qu'une évocation précise de la montre qu'il brisa ce jour-là en tapant du poing sur le mur.

LUI.
Je me demande à quoi ressemble Alice dans un rôle de petite amie. J'imagine que certains traits de son caractère apparaissent alors différemment. Cette tendance charmante, qui consiste à utiliser l'expression "avoir une peur bleue" dans des contextes aussi variés que "J'ai une peur bleue de la mort quand je prends l'avion" et "J'ai une peur bleue de l'assaisonnement quand je prends une assiette de crudités", se révèle-t-elle un peu lassante ou non à l'usage ?

ELLE.
Si je ne finis pas cette assiette, il va me prendre pour une anorexique névrosée. Le genre de personne qu'on oblige à pétrir du beurre dans les hôpitaux psychiatriques pour les habituer au contact de la matière grasse. En général elles s'évanouissent.
Il serait parfaitement catastrophique qu'il puisse penser que je m'évanouis au contact du beurre.

LUI.
Personnellement, c'est triste à dire mais mon personnage de conjoint est sans doute un peu éloigné du personnage que

j'essaie de mettre en place dans les situations prérelationnelles. Pour schématiser, il n'est pas certain que la blague du pingouin me fasse rire en toutes circonstances.

ELLE.
Je relève enfin un point commun avec mon père, il laisse de côté les olives noires.

LUI.
Le père d'Alice est dentiste.

ELLE.
C'est *a priori* un peu mince pour espérer une entente cordiale entre eux mais Fred qui partageait avec papa des choses aussi pointues que Prokofiev, le billard français et une rupture des ligaments croisés n'a jamais pu s'entendre avec lui.
Tous les espoirs sont donc permis.

LUI.
Comparé au nombre de chansons ayant pour thème la crise sentimentale, il est à noter que la naissance des sentiments est assez mal représentée sur le territoire de la variété française. Le seul à s'être véritablement penché sur la question est peut-être Alain Chamfort avec *Palais-Royal.*
J'ai cru bon de ne placer ce titre qu'en troisième position de face B sur la cassette offerte à Alice.
Je n'ai d'ailleurs pas recueilli énormément de réactions sur cet enregistrement jusqu'à ce soir.

ELLE.
J'ai bien aimé la première face.

LUI.
C'est-à-dire tout ce qui concerne Depeche Mode.

ELLE.
La deuxième…

LUI.
Celle qui contient les douze meilleures chansons de la planète.

ELLE.
… en fait, je ne l'ai écoutée qu'une seule fois.

LUI.
C'est là qu'il devient compliqué de sourire.

ELLE.
En plus, j'étais dans ma voiture, j'ai raté certains passages.

LUI.
Probablement *Tonight We Fly* de Divine Comedy.

ELLE.
Mais ça a l'air bien.

LUI.
Et là nous nous dirigeons tout droit vers un "mais il faut que je la réécoute".

ELLE.
Le truc, c'est qu'il faut que je la réécoute.
Ah si par contre, il y en a une super bizarre, une histoire de jardin avec un mec qui chante hyper aigu.

On entend le refrain de Palais-Royal.

> *Le soir descend et nos regards s'éclairent*
> *L'hiver très tôt allume ses lumières*
> *Et les jardins témoins involontaires*
> *D'un amour qui commence à se faire...*

LUI.
J'aime assez bien qu'il y ait des ombres au tableau avant le début d'une relation.
Disons que j'ai "une peur bleue" de la déception et que ne pouvant faire le tour d'une personnalité de façon exhaustive en deux semaines il est selon moi plus facile d'éviter la déception en prenant assez tôt conscience de quelques défauts.
Hâte de quoi ?
Il demande "Hâte de quoi ?" parce qu'il croit qu'elle a dit "j'ai hâte" alors qu'en fait elle a dit "j'ai honte".
Et du coup, elle répond : "Hâte ? J'ai hâte d'être à dimanche !" et c'est ça qui donne le titre du film *Vivement dimanche !*

ELLE.
C'est une tendance typiquement masculine de vouloir conseiller les bons films, les livres ou les expos.

Sur trois histoires d'amour différentes, j'ai obtenu deux fois des détails sur le tournage d'*A bout de souffle*, un plaidoyer en faveur de la littérature sud-américaine, une analyse picturale de la technique de Velázquez et trois fois l'explication de la règle du hors-jeu au football.

LUI.

Il est assez difficile de profiter de cette période qui précède la relation. L'état d'attente dans lequel on se trouve alors empêche de s'intéresser à quoi que ce soit d'autre que la concrétisation de la relation elle-même. Rétrospectivement, cette phrase apparaît aux esprits les plus révisionnistes comme un espace d'attente purement euphorique.

Cela n'est pas tout à fait le cas.

La possibilité d'intrigue entraperçue entraîne en effet une grande difficulté à vivre sereinement l'instant présent.

La perspective de ne pas mener à son terme une relation bien engagée devient même une idée fixe.

Le patient présente alors un symptôme fréquemment répertorié : l'inquiétude.

ELLE.

Suivant en cela la méthode de mon institutrice Mlle Petitcolas, j'ai consacré une bonne partie de l'enfance à tracer des frises historiques.

Dans l'esprit de Mlle Petitcolas, il s'agissait d'une ligne droite sur laquelle viennent se placer de gauche à droite les grandes dates de l'histoire de France.

Je me suis rapidement permis de détourner cette technique à des fins personnelles, élaborant des frises historiques sur des sujets tels que la carrière de Paul McCartney ou l'évolution de mon record du saut en longueur au fil des mois.

J'ai également le souvenir d'une frise consacrée à la filmographie de James Dean. Un travail qui ne m'avait pas demandé plus de six ou sept minutes et qui a passé ensuite plusieurs années accroché au-dessus de mon lit.

Il serait intéressant d'établir la frise historique de mes rapports avec Simon jusqu'à ce soir.

1er soir	chez Maud
2e jour	téléphone vers 17 heures + rendez-vous pris pour le surlendemain
4e jour	café *Le Petit Suisse* + renversement d'un verre de Coca
5e jour	deux appels en absence
6e jour	conversation d'une heure vingt + rétrospective Fassbinder
7e jour	
8e jour	parti chez son cousin à Noirmoutier
9e jour	
11e jour	arrivée d'une carte postale de Noirmoutier
13e jour	pizzeria *Carlotta*

Il est à noter qu'une même période peut donner lieu à plusieurs frises.

2e jour	conversation téléphonique avec Leïla vers 18 heures retranscrivant la conversation
3e jour	achat inconscient d'un chemisier noir, dans la perspective du rendez-vous du lendemain
4e jour	au café *Le Petit Suisse*, impressionnée par cette volonté de nettoyer le verre de Coca renversé avec un paquet de Kleenex sans jamais faire appel au serveur
5e jour	coup de fil hyper mal placé de Matthieu demandant des explications sur notre séparation d'il y a deux ans et demi
7e jour *8e jour* *9e jour*	cristallisation "stendhalienne" créée par l'éloignement à Noirmoutier
10e jour	brutale autoproclamation amoureuse de ma part dans un couloir de Sèvres-Babylone
11e jour	carte postale un peu décevante eu égard à mon autoproclamation de la veille
13e jour	stupide renoncement à la proposition d'une crêperie par peur du ridicule

LUI.
Concrètement, il faudrait s'obliger à tenir un journal de bord des premiers temps. Reproduire chaque discussion et ressortir tout cela quinze ans plus tard.
Le journal de bord est malheureusement un exercice qui appelle l'échec.
Cela commence très tôt, à la faveur d'un voyage en Suède.
On part sur de bonnes bases : description minutieuse de la première journée de voyage rédigée le soir même dans un hôtel hollandais, collage d'un emballage de chocolat belge en face du texte, espace laissé vacant pour accueillir les futures photographies. Même chose le lendemain soir dans un *Scandic Hôtel* situé au Nord du Danemark.
Et puis une fois en Suède : entassement anarchique de divers dépliants touristiques, cartes postales, étiquettes agroalimentaires, fleurs séchées.
Le classement est remis à plus tard, une date ultérieure d'ennui hivernal qui ne viendra jamais.
Le journal reste en friche.
On n'ose pas le présenter à ses amis en fin de soirée.
On n'ose pas le jeter.
C'est n'importe quoi.

ELLE.
Je reçois régulièrement des coups de fil de Matthieu sur le mode il y a eu quelque chose entre nous, il doit en rester quelque chose.
Les garçons sont comme ces amis de famille qui, sous prétexte de vous avoir connu collectionnant les papiers de sucre à cinq ans, vous font part de leurs emballages Béghin Say toute l'existence.
Ils apportent des enveloppes avec votre prénom écrit en gros, ils ont collecté pour vous depuis six mois et l'on se trouve dans l'obligation de sourire en recevant ce stock de déchets.
Il faut parfois faire une bise.

LUI.
Une profession totalement indispensable, c'est photographe spécialisé dans les photos de classe.
La photo de classe est pratiquement l'inverse mathématique du journal de bord suédois.

Quelque chose d'automatiquement achevé. Un modèle absolu dans le domaine du souvenir abouti.
Dans chacune de mes classes, il s'est toujours trouvé une personne pour refuser l'achat de ce précieux document. Il n'est pas difficile d'imaginer que cette personne a connu par la suite de graves problèmes de communication et d'insertion sociale.

ELLE.
Par le biais d'une mère nostalgique et cinéphile, j'ai été prématurément initiée aux grandes scènes romantiques du cinéma hollywoodien.
En travers de mes agendas, j'écrivais des noms d'acteurs inconnus de mes voisines de table.
L'idée me plaisait pas mal.

LUI.
Grâce à ces photographies, je garde notamment une vision précise de mes premiers grands chocs émotionnels.

ELLE.
Errol Flynn.

LUI.
Stéphanie Lecuirot.

ELLE.
Burt Lancaster.

LUI.
Sandrine Lacressonnière.

ELLE.
Robert Mitchum.

LUI.
Katia Bocage.

ELLE.
Clark Gable qui a divorcé un nombre de fois incalculable.

LUI.
Séverine Carpier qui s'est mariée l'année dernière.

ELLE.
N'apercevant pas de profils comparables à ces grandes figures parmi mes camarades de classe, j'entamai une phase d'attente assez longue.

LUI.
J'ignore si Alice est d'un naturel impatient.
Je serais tenté de dire que non étant donné la vitesse à laquelle elle s'occupe de ses crudités.
Considère-t-elle, par exemple, qu'il est grand temps de faire basculer nos rapports vers d'autres horizons et dois-je me baser sur sa gestion d'assiette fraîcheur pour déterminer l'instant à partir duquel il deviendra gênant de ne rien entreprendre avec elle ?

ELLE.
Je ne suis pas certaine qu'Errol Flynn au fond d'un wagon de métro aurait attiré mon attention.

LUI.
Sylvain a une théorie qui tient la route sur les rapprochements amoureux : le ping-pong nocturne.
Cela fait référence à cet instant de la soirée en été où l'on commence à ne plus bien distinguer la balle. On discute en faisant des balles tranquilles et puis, insensiblement, il devient impossible de continuer la partie, chacun commence à faire des coups droits dans le vide en se ruinant la rétine.
Sylvain estime que les rapprochements amoureux sont de la même nature.
Quelque chose d'imperceptiblement inéluctable.
Une telle vision va à l'encontre de la plupart des principes interventionnistes habituellement formulés par les groupuscules masculins.
Sylvain est très fleur bleue.
Il est classé 40 au tennis de table.

ELLE.
Il est certainement regrettable de se trouver dans un tel état de certitude quant à la naissance d'une relation mais c'est à la fois le privilège et le handicap d'avoir connu quelques précédents dans ce domaine.

Cela ne banalise d'ailleurs pas spécialement la situation et il est permis de penser qu'à notre table se déroule l'événement le plus spectaculaire du restaurant, peut-être même du quartier : une histoire potentiellement sérieuse en passe de se nouer.
Un événement invisible.

LUI.
Il a un jeu très pénible, uniquement en revers avec des balles coupées.

ELLE.
J'ai vécu deux ans en Espagne.
Je ne sais pas comment nous en sommes venus à parler des méthodes d'apprentissage linguistique mais c'est un sujet qui semble fasciner Simon.

LUI.
Der Abteilungsleiter ist ein zuverlässiger Mensch.
Le chef de rayon est un homme fiable.

ELLE.
Je n'ai pas du tout cette mémoire.
C'est quelque chose qui me manque.

LUI.
Meine Großmutter ist an einem Herzschlag gestorben.
Ma grand-mère est morte d'une crise cardiaque.

ELLE.
En méprisant certaines parties de mes études, j'ai peur d'être passée à côté de quelque chose.

LUI.
Der Tag der offenen Tür war ein Erfolg.
La journée portes ouvertes a été un succès.

ELLE.
Je me demande de quelle manière entre en compte le poids du passé dans le face-à-face avec Simon.
Je ne prétends pas avoir eu une vie exceptionnelle jusque-là. Simplement, il m'est arrivé de me trouver parfois dans des situations, disons, moins ordinaires que la moyenne.

Des situations qui, sur le moment, m'ont laissée penser que l'existence ne serait éventuellement plus tout à fait la même par la suite.
Un 31 décembre passé dans une famille d'accueil à Brasília.
Une rupture étalée sur un an et demi avec Matthieu.
Une séance de montagnes russes au cours de laquelle notre wagonnet est resté coincé durant plus d'une heure en haut des rails, il y a cinq ans à la foire du Trône, nécessitant une intervention des pompiers.
Tout cela est naturellement inexistant pour Simon et, surtout, je ne suis pas différente à ses yeux de ce que j'aurais été en passant tous mes réveillons dans le 18e arrondissement, en quittant Matthieu du jour au lendemain et en consacrant mon budget fête foraine au train fantôme.
L'aspect peu banal de ces expériences n'a pas déteint sur moi.

LUI.
J'ai perdu beaucoup de temps à chercher des histoires non conventionnelles.
J'étais en admiration devant des filles pouvant tout plaquer pour vivre en Pologne, des personnalités impliquées dans des domaines comme la protection des serpents pythons ou les compétitions de sculpture sur glace.
Heureusement, Alice semble attachée à un mode de vie moins spectaculaire.

ELLE.
Dans des situations que l'on pourrait qualifier de "situations à fort caractère romanesque", le célibat entraîne une certaine forme de regret.
La traversée en solitaire d'événements d'une grande nature exotique ou poétique appelle, en même temps que l'émerveillement, la sensation qu'il serait précisément encore plus merveilleux de partager tout cela avec un Errol Flynn miniature.
Pour autant, le tempérament humain étant ce qu'il est, s'il nous est donné d'assister à un coucher de soleil flamboyant sur l'île de Ré à côté de quelqu'un comme Matthieu, la perfection du spectacle nous fera alors apparaître l'imperfection d'un couple qualitativement inférieur au paysage et dès la semaine suivante s'amorcera un processus de crise conjugale étalable sur dix-huit mois.

LUI.
Quand elle se recoiffe, il y a vraiment quelque chose avec Fabien Canu.

ELLE.
La tombée de la nuit est en général un assez bon révélateur sentimental.
Dans la conversation par exemple, elle entraîne une impossibilité de s'attarder sur les sujets secondaires. Il faut aller à l'essentiel, s'impliquer personnellement. Passé 19 h 30, il devient impensable de développer longuement des problématiques telles que la perte d'une carte bleue ou la consommation excessive d'un moteur de Renault 21.
On notera au passage que les couples ayant choisi de se former entre 10 et 11 heures du matin ne sont pas légion.

LUI.
J'ai commis une seule véritable erreur avec Alice : celle de lui avoir fait découvrir Fassbinder, avant-hier soir au *Champollion.*
La grande erreur étant d'avoir moi-même, à cette occasion, découvert Fassbinder.
La conséquence immédiate fut une séance éprouvante de deux heures et quart, recroquevillé au fond de mon fauteuil et assailli par l'idée fixe qu'Alice me tiendrait désormais pour un spécialiste de transsexualité berlinoise.

ELLE.
J'ai bien aimé le film que m'a emmenée voir Simon il y a deux jours.

LUI.
Le plus sinistre dans les restaurants italiens dépeuplés c'est cette conviction absolue qu'ils ont de séduire la clientèle en diffusant Radio Nostalgie.
Pour une chanson à peu près en situation (*Le Rital* de Claude Barzotti ou n'importe quel tube de Toto Cutugno), il faut subir des évocations aussi peu napolitaines que *Les Corons* ou *Les Lacs du Connemara*.

ELLE.
C'est étonnant ces regards perpétuellement lancés dans la direction des haut-parleurs.

LUI.
Une idée vraiment cruelle dans ces cas-là, c'est de penser que le patron du restaurant ne jure que par les mandolines, qu'il déteste la musique française et qu'il attend chaque soir la fermeture pour siffler *Funiculi Funicula.*

ELLE.
Probablement pour se donner une contenance.

LUI.
On peut difficilement faire moins italien que Pierre Bachelet.

ELLE.
Toutes ces bougies, je crois qu'on peut difficilement faire plus italien.

LUI.
Faire connaissance avec quelqu'un nécessite au départ une série de questions bien particulières portant le plus souvent sur l'entourage familial, le type d'études, la profession exercée ou encore la localisation du lieu d'habitation.
L'ignorance de ces détails interdit toute mise en place d'une discussion personnalisée.
Prenons un exemple.
Au cours d'une soirée chez Maud, que répondre à une personne inconnue qui vient brusquement vous faire part d'une rage de dents ?
Pas grand-chose, sauf si vous avez pris la peine d'apprendre que son père est dentiste, qu'elle travaille à l'institut Pasteur et qu'elle habite Bagnolet.
Vous êtes alors en mesure d'effectuer des réflexions du type "ce n'est pas la peine d'avoir un père dentiste si c'est pour avoir mal aux dents" ou bien encore "ce n'est pas la peine de travailler à l'institut Pasteur si c'est pour avoir un problème de rage".
Le fait de savoir qu'elle habite à Bagnolet n'est pas d'un grand secours dans ce cas précis mais cette information aura peut-être son utilité plus tard dans la soirée.

ELLE.
Je m'aperçois que je ne connais pas le prénom de la mère de Simon.
Je sais qu'elle porte des robes Laura Ashley.

Je sais qu'elle était en classe avec Catherine Deneuve.
Je ne connais pas son prénom.

LUI.
Dans les salles de cinéma, il y a des femmes qui s'assoient sans adresser un seul regard autour d'elles.
Les spectateurs déjà en place sont conscients qu'elles ne viennent pas là pour s'amuser.
Elles ne sont pas à l'affût de nouvelles intrigues.
Pas comme le type du cinquième rang qui dévisage tout ce qui bouge.
L'existence qu'elles mènent leur suffit amplement, elles sont intégralement indisponibles, elles tiennent à le faire savoir.
Elles sont venues consacrer un huitième de leur journée à la rencontre de Meryl Streep et Clint Eastwood.
Un point c'est tout.

ELLE.
Il est en train de parler de la prostitution enfantine en Amérique latine, je ne peux décemment pas lui demander le prénom de sa mère.

LUI.
Une telle attitude évoque le côtoiement des cases "expérience professionnelle" et "loisirs" sur les *curriculum vitæ*.
Un stage dans la filiale pharmaceutique d'American Home Products voisine généralement avec des activités telles que la voile, les expositions de peinture ou le piano.
Notons au passage que cette pratique du piano considérée toute l'enfance comme une torture absolue et stoppée avec soulagement depuis longtemps déjà apparaît désormais dans la catégorie loisirs.
Les phrases les plus récurrentes dans la bouche des personnes ayant subi des cours de solfège à partir de six ans et demi sont en principe :

ELLE.
J'en ai fait douze ans.

LUI.
Mais également :

ELLE.
Je regrette d'avoir arrêté.

LUI.
La voile et les expositions de peinture n'ont pas été choisies au hasard. Si ces activités ne correspondent à aucune actualité particulière dans la vie du candidat (un stage de voile d'une durée de trois jours effectué dix années plus tôt et la visite du Grand Palais en classe de cinquième ne permettant pas de conclure à de véritables passions), elles présentent néanmoins l'avantage de ne pas sembler trop contradictoires avec une recherche de travail dans le paramédical.
L'évocation du feuilleton *Columbo* ou la consommation de Danette au caramel, bien que plus proches des centres d'intérêt du demandeur d'emploi, semblent quant à elles injustement exclues.

ELLE.
J'hésite à mettre mes couverts au milieu de l'assiette.
Il y a du pour et du contre.
Le pour : en finir avec ce suspens alimentaire en assumant vaillamment le manque d'appétit lié à l'approche d'une relation nouvelle.
Le contre : trahir un manque d'appétit pouvant passer pour une conséquence de l'approche d'une relation nouvelle.

LUI.
Valentine faisait des études de pharmacie.

ELLE.
J'arrive assez bien à imaginer le type d'appartement dans lequel habite Simon.
Un rideau de douche avec des palmiers, des tapis pseudo-mexicains, des coquetiers dépareillés, un téléphone gris à rondelle des années 1980 et puis un tiroir dont il vaut mieux ne pas s'approcher, contenant les vestiges épistolaires de relations anciennes relativement vivaces.

LUI.
Elle abandonne.
Elle vient de poser les couverts en travers de son assiette.

ELLE.
Des bâtons d'encens destinés à couvrir les odeurs de cuisine de la voisine du dessous.

LUI.
J'espère ne pas être quelqu'un de trop mystérieux pour Alice.

ELLE.
Des tubes d'aspirine périmés.

LUI.
En fait, j'ignore si Alice m'associe à un univers vraiment précis.

ELLE.
Un jeu de fléchettes.
Du marbré au chocolat.
Le *Lagarde et Michard* du XVIIe siècle.

LUI.
Je pense que l'on a parfois intérêt à maintenir certaines zones d'ombre.

ELLE.
Est-il possible que la personne idéale, celle qu'il est convenu d'appeler "l'homme de sa vie", commande autre chose qu'un cappuccino ?
Cette question rejoint une fameuse problématique : faut-il partager son canapé-lit avec quelqu'un qui nous ressemble ?

LUI.
Evidemment, c'est l'éternelle question : faut-il préférer un jeu à vocation offensive sur le modèle barcelonais, quitte à subir des contre-attaques, ou bien verrouiller la défense à la manière des équipes italiennes, en cadenassant le résultat ?

ELLE.
Dans une perspective d'enrichissement humain, il semble *a priori* souhaitable de miser sur la notion de différence au sein du couple.
Pour autant, cette idée d'enrichissement humain perd quelque peu de son attrait lorsque deux visions radicalement opposées de la décoration intérieure font cohabiter dans un F3 des aquarelles de Jean-Michel Folon et des tapis mexicains.

LUI.
C'est finalement toute la question du style qui se trouve ici en jeu.

Le résultat doit-il motiver la forme ou bien est-ce le contraire ?
L'objectif est-il d'enflammer le public par du jeu collectif à une touche de balle ou bien le satisfaire par la gestion d'une victoire sans panache ?
Il s'agit en fait d'un problème d'image.

ELLE.
Autre souci lié à la pluralité conjugale : le problème de l'image.
Quel comportement adopter en cas de désaccord sur la nécessité d'imposer une image d'épanouissement du couple à l'entourage ?

LUI.
Michel Platini à qui l'on demandait de quelle manière il aimerait remporter le Mondial 86 à Mexico avait répondu : "Sur un cafouillage dans la surface de réparation à la dernière minute du temps réglementaire."
C'était une bonne idée.

ELLE.
Le déroulement d'un événement est plus révélateur que l'événement lui-même.
Ce qui importe, ce n'est pas le fait que Simon a de fortes chances de m'embrasser tout à l'heure sur le trottoir mais plutôt les longs instants de silence qui précéderont cette étape et lui feront reprendre la conversation brusquement sur des sujets inadéquats.

LUI.
Tout cela pour perdre à nouveau en demi-finale contre un pays qui trouve les chefs de rayon fiables et les journées portes ouvertes parfaitement réussies.

ELLE.
De même, la différence fondamentale avec une scène de baiser hollywoodien ne résidera pas, boulevard Exelmans, dans la nature du baiser échangé mais plutôt dans le fait qu'il n'aura pas été annoncé par des propos tels que :
C'est une belle soirée vous ne trouvez pas ?
Mon Dieu, je crains d'avoir trop bu.
Je dois vous sembler ridicule.
Marchons un peu, voulez-vous ?

LUI.
J'ai eu depuis l'enfance des modèles sentimentaux suffisamment diversifiés pour ne pas courir aujourd'hui après un type de relation particulièrement mythique.
Les amours de Calimero et Priscilla m'ont d'abord paru les plus enviables.
Grâce à un premier walkman jaune amphibie, j'ai ensuite découvert qu'il était tentant de s'unir à quelqu'un qui va seul par les rues l'âme en peine car personne ne l'aime.
Et puis, bien plus tard, il y eut des révélations d'un autre ordre.
Le chapitre de la Fête étrange dans *Le Grand Meaulnes*, notamment.
D'une certaine manière, c'était trop tard.
Il aurait fallu que je ne sois éveillé alors à aucune sentimentalité préexistante pour que ces pages deviennent un référent absolu.
Les amours impossibles d'Augustin Meaulnes et Yvonne de Galais n'apportèrent qu'une pièce supplémentaire au puzzle émotionnel abritant déjà un poussin noir et la fiancée de Jacques Dutronc.

ELLE.
Je me demande quelles conséquences immédiates sur mon mode de vie pourrait avoir la liaison avec Simon.

LUI.
D'après certains proches, l'histoire avec Valentine a modifié plusieurs compartiments de ma personnalité. J'imagine que le passage du diabolo menthe à la Mort Subite est pour beaucoup dans ce jugement.

ELLE.
Je ne suis pas fanatique de la vocation didactique des expériences amoureuses.
Je ne souhaite pas "apprendre" de la relation.
Cela peut venir malgré moi mais, *a priori*, je ne tiens pas à quitter un garçon en sachant que *Dieses Jahr werden wir Weihnachten in der Schweiz feiern* signifie "Cette année, nous fêterons Noël en Suisse".

LUI.
Une sensation agréable, ce doit être celle de connaître mieux que personne l'espèce de petit éclat noir situé dans la pupille droite d'Alice.

ELLE.
Une expérience étrange, à l'instant où il me fait signe de ne pas sortir de porte-monnaie pour l'addition, c'est celle qui consiste à imaginer les conflits prochainement liés à la réception des factures téléphoniques communes.

LUI.
Il y a plusieurs façons d'annoncer à son entourage une liaison avec quelqu'un comme Alice.

A Sylvain :
Elle s'appelle Alice, elle a des raquettes de ping-pong dans le coffre de sa voiture.

A ma mère :
Elle s'appelle Alice, elle travaille à l'Institut Pasteur.

A Miguel :
Elle s'appelle Alice, elle a vécu deux ans en Espagne.

A ma tante Marie-Françoise :
Elle s'appelle Alice, elle fait collection de papiers de sucre.

A Valentine :
Elle s'appelle Alice, elle est plutôt normale.

ELLE.
On estime qu'il y a peu de chances de connaître plus de six ou sept intrigues sérieuses dans une existence.
Je me situe par conséquent à l'un des six ou sept instants les plus importants de mon existence.

LUI.
Trois quarts d'heure plus tard, le fait d'avoir franchi par voie fluviale un Pont-Neuf qui fut construit en 1578 sur ordre d'Henri III pour faciliter les liaisons entre la demeure royale du Louvre et le bourg Saint-Germain vous fait considérer d'un tout autre œil la photo entre-temps développée et désormais affichée sur le quai parmi des dizaines d'autres.
Elle rassemble alors tout à la fois l'image des quais, l'odeur de fuel, l'étudiante chargée du commentaire qui s'excuse pour les hésitations mais ça ne fait que trois jours que je fais ce travail et l'accent américain du monsieur en jaune assis devant vous.

Elle est devenue ce qu'il faut bien appeler "un souvenir".
Je pense que si un photographe était passé nous voir, Alice et moi, lorsque nous nous sommes installés à cette table, j'aurais à présent plaisir à faire l'acquisition de ce cliché.
Parmi les éléments constitutifs d'une personnalité, certains sont encore indécelables au stade où nous en sommes.
Quelle est la position d'Alice sur les orages ?
Peut-elle contempler tranquillement les éclairs un soir de juillet à Montauban depuis la terrasse d'une maison de vacances ou bien lui est-il nécessaire de s'enfouir sous les draps en priant pour l'efficacité des paratonnerres ?

ELLE.
Bien évidemment, la recherche des similitudes avec Simon occupe actuellement plus de place que celle des divergences.
Notre comportement au cours de ce repas m'a fait penser à celui adopté, lorsque pour la première fois invité chez une collègue de laboratoire, on met à profit la préparation du thé en cuisine pour explorer les rayonnages de la bibliothèque.
La finalité de cet exercice n'est pas, comme on pourrait s'y attendre, la découverte d'ouvrages inconnus jusqu'alors et par cet intermédiaire le renouvellement d'une culture littéraire stagnante depuis quelque temps, mais au contraire la recherche frénétique du livre que l'on connaît déjà, celui qu'on a relu trois fois, celui que l'on possède soi-même en bibliothèque.
Une fois repéré le spécimen, il s'agit généralement des *Lettres à un jeune poète* de Rilke ou du *Joueur d'échecs* de Stefan Zweig, il devient possible de crier en direction de la cuisine quelque chose comme "tu les as lues les *Lettres à un jeune poète* ?", ce qui paraît probable étant donné le soulignage au crayon à papier de certains passages, et d'attendre qu'une voix réponde de l'autre côté de la cloison par l'affirmative en ajoutant "c'est vachement bien hein ?".
Il n'est pas utile de préciser que le "c'est vachement bien hein ?" hurlé depuis le plan de travail de la cuisine est l'artisan principal d'un début de convivialité qui faisait jusqu'alors défaut à la soirée.

LUI.
Il faut que j'offre à Alice les *Lettres à un jeune poète* de Rainer Maria Rilke.

ELLE.
Il faut que j'offre à Simon la méthode Assimil espagnole.
Dès que j'aurai un peu de temps, j'établirai la frise historique de ce repas.

LUI.
Dès que j'aurai un peu de temps, j'établirai un journal de bord de mes rapports avec Alice jusqu'à ce soir.

ELLE.
Je mentionnerai l'imitation de Jean-Luc Godard.

LUI.
Je collerai le ticket d'entrée de Fassbinder.

ELLE.
La perspective de voir pour la première fois de ma vie un rideau de douche avec des palmiers est quelque chose qui m'impressionne un peu.

LUI.
Je suis un peu impressionné par la perspective de faire découvrir à Alice l'état de ma salle de bains.

ELLE.
Si tout se passe comme je l'espère, nous aurons prochainement l'occasion d'écumer les crêperies.

LUI.
Si tout se passe correctement, elle acceptera la comparaison avec Fabien Canu sans trop de problèmes.
Nous verrons bien.

ELLE.
Nous verrons bien.

Quittant le restaurant et s'adressant à un invisible serveur :

LUI.
Bonsoir.

ELLE.
Bonsoir.

NARRATEUR.
C'est ce soir. Ils marcheront boulevard Exelmans. Sans raison apparente, il parlera de choses un peu anciennes.
L'entraînement de judo tous les mardis soir jusqu'à l'âge de quatorze ans, une fracture de la clavicule, une correspondante allemande teinte en bleu et prénommée Hanke.

Elle évoquera sa mère, professeur d'histoire géographie au collège Paul-Vaillant-Couturier et les coquilles Saint-Jacques reconverties en cendriers dans la salle des profs.

Avant de l'embrasser, il prononcera une dernière phrase :

"Ce n'est pas la peine d'habiter Bagnolet si c'est pour avoir un problème de voiture."

NOTICE

Le Fait d'habiter Bagnolet a été créée le 7 novembre 2003 à la Chapelle Saint-Louis, à Rouen, dans une mise en scène de Sophie Lecarpentier. Avec Frédéric Cherbœuf, Marie Payen et Sébastien Trouvé, ainsi que la voix de Véronique Silver. Lumières : Frédéric Rebuffat. Scénographie : Hélène Lecarpentier et Frédéric Rebuffat. Costumes : Hélène Lecarpentier. Création sonore : Louis Dandrel, Alain Richon et Sébastien Trouvé.

Production : Compagnie Eulalie – Coproduction : Scène nationale de Mâcon.

Coréalisation : Chapelle Saint-Louis et Faculté de Rouen – Théâtre du Rond-Point, Paris.

Projet soutenu par le ministère de la Culture et de la Communication – DRAC Haute-Normandie, par la région Haute-Normandie et le département de la Seine-Maritime, par le conseil régional de Haute-Normandie, la ville de Rouen et l'ODIA de Normandie.

Avec la participation des Dictionnaires Le Robert, du Théâtre des Bains Douches – Le Havre, du Centre culturel de la Balinière à Rezé, des magasins Lignes – Rouen.

Marie Payen, Frédéric Cherbœuf et Sébastien Trouvé sont habillés par Agnès b.

La pièce est reprise du 18 mai au 26 juin 2004 au Théâtre du Rond-Point à Paris.